Bestimmt hat Ihnen ein solches LeseBuch gefehlt! Querbeet durch alle Lebensgefühle werden Emotionen angekratzt. Bekanntes und Nachdenkliches sind hier gekonnt ins Gleichgewicht gebracht.

Günther Seidel hat sich schon früh damit beschäftigt seine Gefühle versteckt in lyrischen Verschen, mitzuteilen. Dieser Prozess hält bis heute an. Das Ergebnis ist ein sanft anrührender Gedichtband, der teils Trost aber auch Freude spendet.

GÜNTHER SEIDEL

... ins dunkelblau!

Neunzig gefühlvolle **Gedichte**

Inhalt

Alte schwäbische Weisheit

Wer macht am Dag dr Buckel krumm
und schafft, dass er it kommt zum friera.
Ond macht des gern, ond gar it dumm,
der derf sich au mol amüsiera!

Überraschung

Diese Zeilen, frei erdacht,
laden ein Dich - zu verweilen –
mit mir die Freude teilen -
Hast Du heute schon gelacht?

Nun freue dich am Leben.
Dein Herz soll wieder beben.
Nimmst du fröhlich meine Hand,
dann wandern wir zum Wunderland.

Meine Meinung

Die Wahrheit macht das Dunkel hell,
doch besser dann: "Verzieh' Dich schnell!"
Vergesse nie der Menschen List,
wenn's oft auch überraschend ist!

Worte

Zum Reden suche große Worte
zum Sprechen reicht fast jede Sorte
zum Lügen: Senf in Sahnetorte
zum Beichten ernste, tiefgebohrte
zum Singen, schöne - mezzoforte
zum Flirten, süsse mit 'ner Borte
zum Lieben, die der Herzenspforte
zum Küssen, geht's auch ohne
zum Betrügen, voll geschleimte
zum Dichten, nehme gut gereimte
zum Schweigen gibt's kein Stimmgewirre -
ist das nicht irre ?!

Kondorflug
(nach Pablo Neruda)

Als Kondor fliege ich zu Dir
Der Wind füllt Gewand und Gefieder,
in schrillen Wirbeln stürzt das Wir,
Sturmentfesselt, immer wieder.

Hinauf zu steilen Wolkentürmen,
getragen von der Lust auf Beute,
bitt' ich die Hoffnung, mitzustürmen,
zu erjagen, was uns reu'te.

getrieben, wie mit göttlich Schwingen,
reglos still, bei dir geborgen.
Wir beide hoch, in wildem Ringen,
tief unten Menschen, die sich sorgen.

Meine blaue Stunde

Ich trete ein, ins Dunkelblau
der Tiefe, eine Kette schließt sich zu.
Ich seh' das Rot auf deinem Munde, schau
in hohle Runde – wo bist Du?

Wir wissen beide: Jene Worte,
die einer oft zum andern trug,
sind zwischen uns und doch an keinem Orte:
ohne Gleis - im letzten Zug?

Ich suche Dich, doch Du bist eines Andern,
was trägst Du mir die späten Blüten zu.
Ich fühl' verletzt, wie Träume wandern,
zurück zum Gestern, ohne Ruh' ?

Was beginnt, hat stets ein unbekanntes Ende,
was sich erhebt, fällt nie genau
dorthin, wo uns're leeren Hände
greifen, voller Hoffnung - nur ins Dunkelblau!

Hoffnung?

Verschwommen ist das Bild der Zeit,
vorüber ziehen fahle Märchen
von Liebe und Geborgenheit,
sie wirbeln durcheinander Pärchen.

Nie gebaute Mauern,
versperren die Unendlichkeit.
unter kalten Sternen kauern
erfroren, die Gefühle unserer Zeit.

Es lähmt Dein Schweigen,
dein Gesang scheint fast verloren.
Dieser Kampf war niemals Reigen.
wo wird Dein ‚Immer-noch' geboren.

In Gedanken

Heut' habe ich an dich gedacht
und wünsche dir viel Sonnenschein.
Mein Herz hab' ich dir aufgemacht
dein Glück soll heute Wärme sein.

Vertrauen

Wir sind so frei und stark zu wagen
unser Selbst im Du zu testen,
zart zu fühlen, nie mehr klagen,
der Leidenschaft zum Besten.

Aus den Fugen

Es tropft die Zeit, sie eilt davon-
lähmend fast, zerrinnt ihr Kleid;
ohne Lösung weit und breit?!
Aus den Fugen ist die Welt:
Niemand hat sich dies' bestellt!

Wie Funken nur, zerstob die Zeit -
ein Wimpernschlag im großen Reigen -
die Hoffnung stets im Handgepäck,
von gestern bis zur Ewigkeit;
Der Rest, der blieb, war Schweigen.

Aus den Fugen 2

Lautlos wandelt sich das Klima
in Gärten und in Köpfen,
Himmels Zustand scheint noch prima,
doch heimlich wird der Geiz uns schröpfen.

Vernunft gefroren, es taut nur das Geld,
enthüllt des Verbrauchers fahlen Blick;
Finanzen geraten aus den Fugen,
zerfetzen die sich blähende Welt.

Aus deutschen Alltags kleinlicher Enge,
in Brüssels Ohnmacht erstickender Staat.
Sieh', wie bebend die stille Menge
verharmlosende Zweifel geortet hat.

Vergangene Zeit, mit ihrer Schwäche
zog sich in raue Krisen zurück;
Ängste, schäumend wie reißende Bäche,
„Retter" brechen den hungrigen Blick.

Aus den Fugen, die Wahrheit im Kern,
schreiend, skrupellose Spielverderber;
Kontrollverlust der ehrbaren Herrn-
das Volk enttarnt die falschen Bewerber.

Von weit her naht, doch schleichend nur
die Ohnmacht einer Flüchtlingskrise;
Unmut keimt, verödet die grüne Flur
transformiert jauchzend braune Brise!

Aus den Fugen, auch Kultur
versunken in Ministers Enge,
das Denken scheint zerstörend nur
im staatspolitischen Gemenge.

Überall erstirbt das Streben,
kleinlich Weitsicht im Revier;
mit weiser Fairness zu beleben
wär Überlebens-Dank dafür.

Aus den Fugen - darf nicht sein.
Kehret um von braunen Höhen,
in Krisen wird zerrieben fein!
Da hilft auch nicht der Medien flehen.

Selbst von der Völker fernen Klagen
hört man durchdringend zag Getümmel,
mit Grenzenlosigkeit beladen,
aus den Fugen weint der Himmel.

Aus den Fugen, nennt die Mär,
man möchte fast erschrecken.
Der Bürger findet sich nicht mehr,
die Obrigkeit jagt leider Schnecken.
Ändern muss sich deutsches Leben,
verstehen selbst die gerne Klugen.
Mit Angst und Zweifeln ohne Segen,
gerät sonst Alles aus den Fugen!

Meine Grenzen
(nach Gedanken von Hermann Hesse)

Nur wer das Unmögliche versucht,
erfährt was möglich sein kann;
Nur wer seine Grenzen überschreitet
wird grenzenlos
und erreicht das Land der Phantasie!

Schenken 1

Schenke weder groß noch klein,
schenke mit Gewissen fein,
immer schön gediegen,
lässt sich die Gabe wiegen.

Schenke herzlich froh und frei
und das was in Dir wohnt,
mit Geschmack und viel Humor
(und freue Dich schon einmal zuvor),
dann bist Du reich belohnt.

Schenk' mit Geist, doch ohne List
und denk' stets daran,
weil's eh nicht jeder sehen kann,
dass Dein Geschenk Du selber bist!

Der Frisör

Es wachsen Haare Jahr um Jahr -
Strähnen, Locken, Tollen
sie sprießen überall und da,
wo wir es gar nicht wollen.

So lang sie brav und auf dem Kopf,
sind sie den Frauen wichtig,
nicht nur geschnitten um den Topf,
sondern auch mal richtig.

Die Frau von Welt mit toller Mähne,
die Frau im Haus als graue Maus.
Da wird so manches Haar gespalten,
nicht nur bei den „Schönen Alten."

Glaubt man noch an das alte Märchen,
es ist schon fast zum gähnen;
das gibt's nicht nur bei Pärchen,
„die Haare auf den Zähnen."

Der Mann sieht eher das pragmatisch
und liebt auch malkurz abgemessen,
der Bubikopf wirkt leicht stigmatisch
ein wenig fast wie „abgefressen".

Natur schenkt jedem die Frisur,
die kleidet und meist ohne Zweck
auch wärmt und schützet nur;
man merkt es meist - sind sie erst weg!

Was wäre denn ein schönes Haupt,
ohne Schmuck und Zier.
Form und Farbe überhaupt,
selbst Diademe wecken Gier.

Wir halten uns nur an die Lenze -
ein kluges Köpfchen, schön gerahmt
kein Experiment, das sprengt die Grenze,
doch die Wirkung ungeahnt.

Mein Frisör, der ist sehr tüchtig!
Die neuen Haare werden toll -
Zufrieden sein, das ist auch wichtig -
der Schnitt gefällt ganz wundervoll!

Ein graues Haar

Ich find' die ersten Grauen Haare,
Eine ganz besondere Ware.
"Sieh hier mein Schatz, ich werde alt
Die Zeit macht auch vor mir nicht halt!"

Da lacht sie laut und schaut mich an,
"Ich lieb' Dich doch, mein guter Mann,
Und wär' Dein Kopf auch ohne Haare -
Ich bleib bei meiner Guten Ware!

Du bist Alles

Du bist der Wind, der mich trägt durch die Zeit,
bei Dir sind alle Sorgen fern und weit.
Du bist der Weg in meinem Leben,
nur bei Dir will ich mich gänzlich geben.

Du läßt mich geh'n, so weit ich gehen will,
manchmal bist Du auch ganz still -
Du bist mein Licht in dunkler Nacht
und hast mir stilles Glück gebracht.

Nie hast Du mir ein Bein gestellt (?),
Für mich, die Freude dieser Welt.
Du gibst vieles mir von Dir .....
Was kann ich schenken Dir dafür ?

Das Jadeherz

Die Zeit vergeht, es heilen alle Wunden.
Was bleibt ist nur Erinnerung, dein Herz
schenkt unvergess`ne Stunden.
Wer kennt die Liebe ohne Schmerz!
die Hoffnung scheint verloren - schade
wo find ich nur ein Herz aus Jade?

MaxiBlue

Ohne Grenzen

Für dich da sein, ohne Grenzen,
sich völlig kongruent ergänzen,
Versinken ganz in Geist und Schoß –
warum wagst Du nicht - grenzenlos?

Für Dich

Mein Herz ist erwacht, heut' Nacht-
Ich danke Dir dafür,
dass Du mich trägst,
dass Du lebst und mich bewegst
dahin, wo ich vom Du bewacht.

Ich kann es kaum fassen,
dass mein Traum von Dir
in Nächten voll Sehnsucht geträumt
so nahe mir scheint.
Doch Angst ich höre,
dass ich ihn zerstöre,
dass ich den Traum geweint.

Ich fühle Dich, ich atme Dich
Und Deine Arme sind, wie es mir scheint
Zuflucht in dem Glück,
das uns vereint.
In meinem Herz ist ein stiller Platz
zu hüten diesen kostbaren Schatz.

Erkenntnis 1

Liest Du im Geist des Gegenüber,
was Dich verbindet und was nicht?
Die klare Sprache wird leicht trüber,
wenn es an Akzeptanz gebricht.

Was wirst Du helfen, kannst Du bieten?
Bist Du Dir darüber klar?
Es helfen meist nicht nur die Nieten,
nur was vom Herzen kommt ist wirklich wahr.

SekundenEngel

Manchmal spürst Du- schmerzlich Weh'
am Schulterblatt (und nicht am Zeh),
die Stelle, die uns einst erkoren,
wo unser Flügel war, den wir verloren.

Dann regt sich unerklärlich' Streben,
sich aufzuschwingen, fort zu schweben;
doch währt dies nur 'nen Augenblick,
dann bist Du wieder HIER - zurück.

Ach, ahnst Du, was da ging vorbei,
in der Erkenntnis Traum? Es sei -
Du weißt jetzt wieder, wer Du bist
und fühlst Dich gut, wenn Du vergisst.

Mit Dir träumen

In meinen Träumen bist Du nah,
da hab' ich Dich erkoren;
als ich in Deine Augen sah,
hab' ich mich ganz verloren.

Zu fühlen, lieben, leben,
und mich zu finden, auch im Du;
gemeinsam Zukunftsnetze weben,
so finden wir gemeinsam Ruh'.

Ich liebe Dich! Mit Dir vereint
in langen und in kurzen Stunden,
froh gelacht und still geweint,
in Dir vertraut, gefühlsverbunden.

Wir sind frei und stark zu wagen
unser Selbst im Du zu testen,
zart zu fühlen, nie mehr klagen,
der Leidenschaft zum Besten.

Gern hätte ich..

Gern hätte ich getanzt mit dir
Arm in Arm ein ganzes Leben!
Lange währt jedoch die Pflicht,
zu kurz die Kür
um lang mit die zu schweben!

Klug

Ein kluger Mensch wird es vermeiden
jemand die Ehre abzuschneiden.
Die Kunst dabei ist: sehr gelassen,
anzubieten - neue Trassen.

Denn im Leben ist's halt so:
Was jemand nützt, macht ihn auch froh!

Klüger

Kaum wage ich daran zu denken:
Wolltest Du mir Liebe schenken?
In meinem Herzen, voller Schauer
verbreiten Angst sich, Zweifel, Trauer.

Was lehrt mich meine Ungeduld?
Bin ich, am Ende, selber schuld?
Vorbei sind viele, schöne Tage,
da hilft auch keine fromme Klage.

Das Gleiche nicht mehr wiederholen,
sonst wird mir noch mein Herz gestohlen.
Nein, ich bin genug betrogen-
jetzt liebe ich- sonst: siehe oben!

Le petit déjeuner

Die Sonne strahlt, die Feige glänzen,
Kamelien sich mit Knospen kränzen.

In der Pfanne kräuselt sich ein Ei,
ein Croissant ist auch dabei.

Gewitter hat schnell abgeladen.
Der Kaffee dampft schon in weißen Schwaden.

Die Palme schwingt im Sonnen-Wind,
noch Frühstück für den Hund, geschwind-

Dann fließt café petit-déjeuner in meine Tasse -
das ist Klasse.

Schwierig

Kannst Du zweifeln, willst Du leben,
Dich versichern und auch geben?
Vergiß nicht, bei dem vorwärts streben,
Du musst auch hoffen, willst Du leben.

Darf ich was ich wollte, tun?
Wer hindert mich daran?
Ach lass' mich noch ein wenig ruh' n -
ich träume g'rad' von einem Schwan...

...und schütz' mich vor der Unvernunft,
mit einer Hand voll Sternenglück-
wurde bedacht mit elegantem Schwung -
leider nicht vorwärts - nur zurück!

Tief geschaut

Auf den Bergen der Herzen
weht ein Wind,
so kalt wie wir sind,
im Tal der Schmerzen.

Meine Tür ist offen
und wartet auf Dich.
Sehnsucht bäumt sich
Lässt alle Schatten hoffen.

Die Wellen sie toben laut.
Darunter fragt es leise:
Hast Du tief ins Herz geschaut?
Aber das Meer schweigt auf seine Weise…

Was wollte ich?

Ich wollte gern verreisen,
neue Welten schauen -
aus Wolken Schlösser bauen
und die Liebe preisen.

Ich war darauf erpicht
bis über beide Ohren,
mich zu verlieben - hab' verloren
und spüre deine Liebe nicht.

Mit Dir gehen, Hand in Hand,
den steilen Weg zum Glück -
Wer bringt mich dann zurück,
wenn ich verlor das Pfand?

Die Dekoschnecke

Was lugt da um die Gartenecke?
Ist es Muschel oder Schnecke?
Verzaubert in belaubter Hecke
Die, aus dem Volk der Deko-Schnecke.

Sie tastet nicht mit dem Gehörne
und frisst sich endlos in die Kerne.
Sie schleimt und nagt nicht, auf dem Pfad,
zum nächsten Beet mit Kopfsalat.

Wie es nicht verborgen blieb,
macht sie des Nachts auch kein' Betrieb.
Sie legt sich nur ins Gras hinein
und wartet auf den Sonnenschein.

Und am Abend hört man's klingen:
es sind die Vöglein, die noch singen.
Und alle Braven
geh'n jetzt tapfer schlafen!

Sehnsucht

Lass mich Deinen Atem spüren
Und tief erregt darin versinken.
Deine feuchte Haut berühren,
mit Deiner Liebe mich betrinken.

Lege Deinen Kopf bei mir auf's Kissen,
Dein Körper zittert bis er warm.
Die Zeit verfliegt zu schnell beim küssen,
sehr verführend wirkt Dein Charme.

Schenk' mir die feuchten Regentropfen
die glitzern auf der Haut -
wie Tränen die am Herzen klopfen -
minutenlang - das Glück geschaut!

Mehrwert-Weihnachten?

Mild streicht durch stillen Waldes Grün,
der Nächstenliebe sanfter Duft.
Verkäufer zwischen Tannen zieh'n,
der Weihnachtsmärkte klingeln ruft.

Die Seligkeit, sie lauert weise,
zwischen Werbung gut versteckt.
Geglühter Wein verzaubert Greise,
„Sale" dann schnell die Käufer weckt.

Doch taumelnd nach geglühten Tassen,
verliert der Mensch Glückseligkeit-
sein Seelenheil wird schnell verblassen:
gelobt sei Mehrwert-Weihnachtszeit!

Weihnachten ist Out

Bald können wir das Fest schon wittern?
Die Kaufwut läßt uns bang erzittern.
Großer Rummel, wenig Herz.
Was kümmert uns der Kinder Schmerz?

Wie wirkt das alles auf die Kleinen?
Der Warenwert wird minder.scheinen.
Was kostet heute Markenplunder?
Die Konsum-Welt kenn keine Wunder,

Zu wenig Kohle? -'s ist zum lachen!
Schon Wochen vorher: Kasse machen,
bestellen, ordern, Auftrag schreiben,
was wird von unsrer Liebe bleiben?

Mit e-Mail grosse Wünsche schicken,
Amazon wird uns erquicken!
Geschenke faxen, welch ein Graus -
Die packt doch wirklich keiner aus!

Verzicht auf Handy? Ja ich wette
keiner kennt noch Weihnachtmette.
lieber simsen - facebook-triebe
statt Kerzenlicht und Nächstenliebe?

Im Internet ist Jesus tot,
der Seelentröster in der Not.
Gekreuzigt am Konsum-Altar,
vergessen - Weihnacht', wie es früher war!

Der schöne Ort

Dieser schöne Ort
liess mich viel erleben.

Hier ward' so viel gegeben –
Hier möcht' ich nie mehr fort.

Zum Jahreswechsel

Zu Ende ist das alte Jahr,
hat vieles ungefragt gebracht.
Und manches das zur Freude war
hat uns am Ende ausgelacht.

Das Hadern heute abgeschlossen,
vorbereitet ist das Fest;
Seitdem denk' ich, unentschlossen:
ertränkt das Jahr jetzt seinen REST?

Was ist denn nur ein einzig' Jahr?
Wir trinken auf den Neubeginn-
dass alle Wünsche werden wahr?
Da ist kein Platz für trüben Sinn?

Wir nehmen was das Neue uns gebiert,
Silvester macht den letzten Stich-
die Turmuhr tickt ganz ungerührt,
die Zeit, sie lebt auch ohne Dich.

Möge uns das Glück begleiten,
Willkommen heißen, mit Hurra!
Und sollte mich der Teufel reiten,
verstanden hätt ich gern, was bisher war

Gedankenflug

Gedanken dort im Abendrot,
sinken in die Tiefe.
Umarmend lockt der süße Tod,
Als ob ganz sanft Er riefe.

Müde vom verpassten Coup -
aus der Ferne hört man Lieder.
Sie treiben rastlos, ohne Ruh' -
Das Dunkle drängt schon wieder.

Die Angst, sie trägt Dich weiter fort.
Im Nirgendwo versteckt der Kluge -
Der Geliebten liebes Wort -
verliert sich bald, im Fluge.

Eigenliebe

Sei lieb zu Dir, Du bist es wert,
hast Du Dich je bei Dir beschwert ?
Paß' auf Dich auf, daß Dich nichts quäle,
ach, so verletzlich ist die Seele.

Tu Dir nie weh, versuch zu fragen,
ertrag' Dich immer - ohne Klagen,
bleib' Dir treu - Dein **wahrer** Kern
hat überall, Dich immer gern !

Gefühl

Abends, wenn ich schlafe,
zähl' ich viele Schafe.
Nie könnte ich darüber scherzen -
Es steckt zu tief in meinem Herzen -
der Lebenstanz mit dir -
war meine schönste Kür?

Wenn sich tauschen Tag und Nacht,
statt Sonne mich der Mond bewacht,
Wenn die Blumen nicht mehr leuchten
und die Vögel nur noch feuchten,
kommt ein Schatten über mich
in Gedanken, tröst' ich dich.

Berührt von deiner Haut aus Seide,
bist du wie eine Blumenweide
in der ich möcht' mich wälzen-
lustig gackernd wie ein Huhn
grenzenlos heut' alles tun -
In Sehnsucht schwebend schmelzen.

Und läßt dein Blick mich fröhlich wippen,
Für dich würd ich auch Kohlen schippen,
nie mehr getrennt - nie ohne dich,
wird jeder Augenblick zur Ewigkeit:
"ICH LIEBE DICH!"

Herzblick

Weißt Du noch was gestern war?
Mutig kämpfend um Gefühle
zerrann die Zeit, so manches Jahr –
rotierten wir in einer Mühle.

Dein Pfeil traf mitten in mein Herz,
berechnend kühl und doch so hart
zerriss er Zweifel und den Schmerz
Hoffnungsvoll für neuen Start.

Erst heut', nach vielen Jahren,
ist verraucht die blanke Wut -
Verständnis lehrte mich erfahren:
nur mit dem Herzen siehst Du gut !

Verschneit

Wenn Kälte mit den Flocken treibt
und Eis gestreut an Winters Schwelle.
Vergangenheit gelebt, sie bleibt,
verdeckt von Schnee-geformter Welle.

Warm streckt sich eine Hand zum Bund
berührt das Leid und küsst
die Seele, und tut kund:
dass das Kleinste oft das Größte ist.

So läßt der Schnee auf dunklem Grün
hoffnungsfroh Skulpturen wachsen.
Die schwere Wolken zieh'n dahin,
bald flieht der Winter „ab nach Sachsen".

Noch einmal Vertrauen

Von allen Freuden im Leben
ist die Liebe die Größte!
Sie hebt uns in ewigem Streben
und beglückt uns auf`s Höchste.

Doch da nichts ist von Dauer,
entschwindet auch sie, vorbei -
es ergreift uns die Trauer,
Leiden und Wehgeschrei.

Schmerzlich beginnt dieses Grauen,
dann höhlt aus uns die Leere.
Wie soll ich noch einmal vertrauen?
Noch trägt mich die Schwere.

Es hilft auch nicht, dass ich klag' -
Weder heute, noch morgen, noch immer.
Irgendwann kommt sicher der Tag,
an dem die Sonne scheint in mein Zimmer.

April, April

Noch fallen Tropfen, still und leise
die erste Knospe sprießt ins Licht;
die Wolken sind auf großer Reise,
nein, Mai ist es noch nicht.

Bald wird aus Schnee ein Blütenregen,
es juckt den jungen Birnenbaum;
neues Grün sich aufzulegen,
das Winterschiff versinkt im Traum.

Verstohlen jetzt die Tulpen treiben
und der Narziss' trägt gelbe Krone.
Natur gebärt in kleinen Scheiben,
die Blütenpracht, dass sich's auch lohne.

Grün wird die Welt, fast überall,
der Frühling nähert sich ganz still-
hinaus, hinaus, auf jeden Fall,
zum ersten Schnuppern im April!

Frühling

Frierend staunt ein Mensch hienieden
und freut sich an den Frühlingsblüten -
der Winter lässt noch Raureif schmieden,
vergisst mit kaltem Wind zu wüten.

Ihn schert nicht was die Menschen wollen,
des Winter's Stolz, möcht' gerne siegen -
noch ein paar Tage, möcht' er schmollen,
dann wird die Sonne ihn schon kriegen!

Der Winter, mit Respekt entlassen,
verbeugt sich und nimmt seinen Hut;
Der Lenz bringt Blüten mit, in Massen,
Wärmt unser Herz, das tut so gut.

Mit Hoffnung grüßt er
reich beladen.
Er krümmt den Zweig mit kalten Wangen,
voll Blüten und voll' Gnaden -
Frühling heißt: Neu anzufangen!

Herbst

Gedanken taumeln durch das Land
sich an bunten Blättern reibend.
Trägheit tropft aus Wolkenwand,
vom Nirgendwo ins Ziellos treibend.

Herbst schluckt der Sonne letzen Strahl,
läßt alle Farben schnell verwelken.
Vom Berg hinab ins stille Tal
wo blasse Bauern Kühe melken.

Der Winter kommt

Es färbt sich bunt das Blätterdach,
karg und trüb das letzte Licht.
Ein Wurm verkriecht sich müd' und schwach
ehe sanft die Zeit sich bricht.

Bleiern fällt das Dämmer-Wetter
herbstlich kühl und blutig rot.
Scheinbar glühend, welke Blätter,
drunter wächst Natur, nicht Not.

Es flieht ein Vogel, sehnsuchtstrunken
mit der Freiheit stirbt das Weh –
Das letzte Grau ist fast versunken,
das Leid verdeckt vom ersten Schnee.

WARUM?

Traurigkeit durchströmt mein Herz,
du bist so nah und doch so fern.
Oh nimm' ihn weg, der Tränen Schmerz,
er hält mich fest auf diesem Stern !

Ich fühle nichts, nicht mal das Wir-
du bist gegangen, ohne Ja-
warst Du jemals tief in mir?
Nur in den Träumen warst Du nah.

Wo findet sich das Glück der Welt,
vielleicht kann mir der Wind es flüstern
die Liebe, die den Tag erhellt?
ein lauer Hauch in meinen Nüstern?

Darum!

Freude schläft in meinem Herz;
Du bist zwar fern, doch als ich sah-
es war kein Scherz, dass Du auch nah-
mir kommst, in meinen Träumen,
wollt' ich das Küssen nicht versäumen.

Find' irgendwo das Glück der Welt;
Was helfen viele Fragen?
Bist Du auch heute weit entfernt
so hab' ich schmerzlich noch gelernt:
wenn ich das Glück heut' zu Dir lenke
Ist es auch Liebe, die ich schenke!

Meine Liebe zu Dir

Wenn meine Liebe zu dir
ein hoher Baum wäre,
der in den Himmel wächst -
könnte ihn kein Unwetter mehr entwurzeln.

Wenn meine Liebe zu dir
ein Traumschiff wäre,
auf großer Fahrt ins Wunderland -
es wäre unsinkbar.

Wenn mein Liebe zu dir
ein Palast wäre,
würde er jedem Erdbeben trotzen.

Wenn meine Liebe zu dir
ein Blütenstrauch wäre,
dann würden jeden Tag 1000 neue wachsen,
um Deine Augen zu erfreuen!

Es ist...

Ist es Einsicht ist's Vernunft,
Ist es Unsinn oder Sinn,
wenn ich fern und nah Dir bin?
Es ist die Liebe.

Ist es Unglück oder Glück,
oder gar gebroch'nes Herz,
wenn da nichts ist außer Schmerz?
Es ist die Liebe.

Ist es gewinnen ohne Los,
ist es manchmal Stolz?
Die Vorsicht ist kein leichtes Holz -
Es ist die Liebe.

Braucht es viel Erfahrung?
Ist es Leichtsinn oder leicht,
was das Leben Dir gereicht?
Es ist die Liebe.

Freund zu sein ist oft erdrückend,
manchmal auch zu schwer,
und blutet auch das Herz so sehr,
dann hilft nur die Liebe !

Lobe den Tanz

(nach einer irischen Erzählung)

Tanzen stärkt Gefühl und Willen
bringt Glanz und Freude den Pupillen.
Der Tanz verankert deine Mitte,
befreien ist so seine Sitte.

Beim Tanz fühlst du nie verlassen!
Leider füllt er keine Kassen,
dafür fühlst du dich sehr befreit-
und gegen Einsamkeit gefeit.

Er löst dich vom Gewicht der Dinge,
Körper, Seele, Geist beschwinge.
Tanz macht leicht dein Innerstes bereit-
Verwandelt und bewegt die Zeit.

Mein neuer Weg

Manchmal macht es mir viel Freude
auf meinem Weg,
den Purzelbaum zu schlagen.
Voll Übermut zu rennen, jagen
zu verjüngen mein Gebäude.

Dann hüpf ich über Stolper-Steine
der Konventionen und ich spring'
über viele Grenzen hin und sing,
von der Fantasie der Tanz-Gebeine.

Auf diesem Weg, kauf' ich mir Träume,
die mit Geduld nach Würde streben;
vielleicht zu zweit dahinzuschweben,
ohne Grenzen, verlassend enge Räume.

Nächstenliebe

Nächstenliebe wird oft knapp.
Das Wollen allzu leicht versickert,
da hilft kein Klebstoff und kein Papp,
die Nachspielzeit es klar verklickert.

Kein schnelles Glück, verheißt der Wein,
es welkt die Blüte einer Chance.
Auch -wenn er fehlt- der schöne Schein,
versinkt der Mensch in „Wenn schon-Trance".

Sanft reicht das Glück noch eine Hand
im engen Rund von „kann und Wollen".
es ist schon eine große Schand,
wenn wir uns - lauthals lobend - trollen?

Romantischer Antrag

Der Sonne gleich, das Strahlen deiner Augen,
kein Leuchten übertrifft dein Lächeln zart,
kein Strauß mit Rosenduft wird taugen,
zu schmälern Anmut, in der Schönsten Art.

Ein Sturm so wild, der tobt in meinen Träumen,
wenn ich mich seh' in deinem Bilde.
Dann streu' ich Sterne in die Pracht der Schäume
und in den Wellen wogt die Milde.

So rinnt die Quelle zwischen Kieseln
und träumt von Marmor im Gestein.
Murmelnd, flüsternd, leise rieselnd
wird sie zum Brunnen voller Wein.

Nimm alle meine Schlösser hin!
Ich schenk' dir glücklich - auch mein Leben.
Aus allem Gold in meinem Sinn
möcht' ich Dir eine Heimat weben.

Hier suche ich dich zu beglücken
an diesem schönsten Ort.
Dein Sein mit meinem zu entrücken,
für heute und dann immerfort.

Vier Bücher

Ich lese heut' im *Buch der Nacht*
mit vielen Sehnsuchts-Träumen
unerfüllt, zuhauf bewacht,
ein Pfau, mit goldenen Säumen.

Ich lese dann in *Mondes Buch*
und blättere in den Sternen.
In der Wiese der Nacht, auf der ich such'
träum' ich von Blumen in weiten Fernen.

Ich blättere im *Buch der Sonne*
berühr' damit des Himmels Saiten.
Spielt die Reime des Tag's mit Wonne,
die mir den Klang der Zukunft bereiten.

Ich schlage auf das *Buch des Tages*
erschreckt von all der Kraft des Lebens.
die Realität des Alltag-Irrsinns sagt: Wag' es!
Sonst ist alle Hoffnung vergebens!

Letzte Farben

Es färbt sich bunt das Blätterdach,
karg und trüb das letzte Licht.
Ein Wurm verkriecht sich müd' und schwach
eh' das letzte Licht sich bricht.

Windig sinkt das Dämmer-Wetter
schneidend kühl, wie früher Tod.
Blutig rot glüh'n welke Blätter,
versteckt darunter, große Not.

Ein Vogel schreit, es quaken Unken,
flüchten, um zu flieh'n das Weh –
Das letzte Grau ist fast versunken,
am nächsten Morgen - erster Schnee.

Allein im Urlaub

Über Wolkenschlösser fliegen,
In sanften Meereswellen wiegen,
Allein erkunden Griechenland -
Ich wünsch` mir aber warmen Sand!

Genießen auch den schweren Wein,
bald ist man dann nicht mehr allein!
Ich träum` von meiner Liebsten fern,
von links, bei Nacht, der zweite Stern!

Träume wieder

Ich spazierte am Meer und fand
eine Muschel, die raunte,
leise am Strand,
Namen, die kamen und gingen,
sie fingen
sich in des Meeres Schaum.
Gefangen wie im Traum,
ein eisernes Mieder.
Nicht erhofft -
nun träum' ich wieder-
Wie schon so oft!

Mit Dir

Ach wie lieblich ist das Glück,
trifft es klug doch seine Wahl;
macht zufrieden, wärmt ein Stück
herzlich streichelnd wie ein Schal.

Wie wir, Gott sei Dank beizeiten,
sind bereit in Haushaltssachen,
zum Altare hin zu schreiten
um uns're Liebe fest zu machen.

Wir, die wir von Geschlecht verschieden,
aber doch gemeinsam tanzen,
wollen uns auf Dauer lieben,
zum Wohle uns'res „Großen Ganzen"!

Verlorenes Du...

Den Hauch von Dir entfernt die Zeit,
vorüber, ziehen fahle Bilder,
von Liebe und Geborgenheit,

Unendlich würde lange dauern,
unter kalten Sternen kauern,
suchend mit verletzten Augen.

Dein Duft, der ging so schnell verloren;
Unser Tanz, es war kein Reigen:
Nun werd' ich nie mehr neu geboren.

Was ist Glück?

Manchmal staunt ein Mensch hienieden
und freut sich auch an kleinen Dingen -
der Eine lässt sich Schienen schmieden,
der Nächste sich beringen.

Doch egal was Menschen machen,
süchtig, stolz, sich selbst besiegen
oder miteinander lachen -
Glück ist: bei dir im Arm zu liegen...

Eigenständigkeit bewahren,
vielleicht einmal gemeinsam leben;
Gemeinsam sparen und sich paaren,
Glück ist auch: nicht aufzugeben...

Mit Respekt uns stets begegnen,
auch wenn wir verschieden singen,
Die Liebe raunt: ich will Euch segnen!
Glück ist: um *ein* Ziel zu ringen.

Seniorentanz

Komm' zum Tanzen - nur 'ne Stunde,
Sitztanz, Kreistanz oder Blues,
jetzt kommt die Senioren-Runde!
Bist Du fit und gut zu Fuß?

Sie blickt mich an, ihr Lächeln siegt-
schnell, der „Cuer" ruft zum *Kreis*-
wie schön sich Deine Hüfte wiegt -
und Deine Haare - fast schon weiss.

Beim Rumba schmiegt sich an die Hüfte,
2 mal „side Stepp", ist nicht schwer,
wie ein Vogel durch die Lüfte,
schwebst Du und ich ein wenig hinterher.

Beim nächsten Tanz -gebremster Schwung-
gedreht mit *„California twirl"*,
Dein wirbeln macht mich wieder jung,
für mich bist Du ein „Super*girl*"!

Mit Dir zu tanzen: „nur" Vergnügen!
„lace up", wohin? Bin viel zu weit,
um beim *„swing"* in Deinem Arm zu liegen –
viel zu schnell zerrinnt die Zeit.

Komm' schweb' mit mir durch Zeit und Raum,
ich möcht' den Abend Dir versüßen.
Tanzen ist mein schönster Traum –
willst auch Du, mit mir genießen?

Muschelträume

Ich ging am Strand
spazieren und fand
rauschende Muscheln
zum kuscheln.

Die Töne, die kamen
und sangen, sie fingen
sich hörbar kaum,
in der Wellen Schaum.

Was ich fand, am Strand
rieselt nun durch meine Finger,
wie Sand
Was hatte ich erhofft?
Mein Traum verschwand —
wie schon so oft!

Traumgeboren

Als ich erwachte warst du da.
Ich hatte Dich erkoren.
Seitdem bist du immer nah -
ich fühle mich wie neugeboren.

Vieles geben, in Dir leben
gemeinsam an der Zukunft weben;
mit Dir weinen und auch lachen
um das Schönste zu bewachen.

Dich zu lieben, feierlich,
lange hatte ich gesucht,
den Sechser - nur für mich -
ich habe dich jetzt ausgebucht!

Ich wünsch' Dir Zeit
(nach einem irischen Segen)

Ich wünsch' Dir Zeit, nicht um sie zu vertreiben,
ich wünsche Dir - sie möge übrig bleiben -
als Zeit zum Staunen und Vertrauen,
anstatt nervös zur Uhr zu schauen.

Ich wünsche Dir Zeit, nach den Sternen zu greifen,
und Zeit, zum wachsen und zum reifen.
Ich wünsche Dir Zeit, um mich zu lieben.
Es hat keinen Sinn, diese Zeit zu verschieben.

Ich wünsche Dir Zeit, zu Dir selbst zu finden,
jeden Tag, jede Stunde, als Glück zu empfinden.
Ich wünsche Dir kein Hasten und Rennen,
sondern nur zufrieden sein können.

Ich wünsche Dir nicht viele Gaben,
ich wünsch' Dir, was die meisten nicht haben:
Zeit, Dich zu freuen, herzlich zu lachen
Und wenn Du es willst, kannst Du etwas draus machen.

Ich wünsche Dir Zeit für Dein Tun und Denken,
nicht nur für Dich selbst, auch zum Verschenken.
Ich wünsche Dir Zeit, um Schuld zu vergeben.
und vor allem, auch Zeit zu haben zum leben.

Erkenntnis 2

Leid kann lehren stark zu werden,
Wenn die Schwäche sehr begehrt;
Tapferkeit, sie kann uns erden,
Wenn die Angst zu sehr verzehrt.

Wenn wir irren, wenn wir hassen,
Dürfen Weisheit wir uns gönnen.
Erleuchtung hilft uns loszulassen,
Was wir nicht halten können.

Vollkommen sind wir nur zufrieden,
wenn uns auch fremdes Leid anrührt
Von Zweifeln werden wir geschieden,
wenn wir das Schicksal akzeptiert.

Ein lauer Sommerabend

An einem lauen Sommerabend, spät, ein einsam'
Käuzchen wimmert.
der Hahn schon lange nicht mehr kräht, die Gicht hat
sich verschlimmert.

Der Mond pflegt eifrig seinen Hof. Ein Weib schnarcht
laut, mit Herzenslust-
wach zu liegen ist doch doof - Arthrose steigert
meinen Frust!

Der kleine Kauz fällt - wie blamabel - mit Einsamkeit
beladen, vom warmen Ast, wo er geschlafen hat,
geradewegs auf auf seinen Schnabel!

Des Mondes Licht geizt mit dem Schatten. Die Gicht
beginnt zu wühlen,
im grauen Schatten huschen Ratten,
wie werde ich so EINS, mit Sommernachtsgefühlen?

Ein rechter Schwan

Gar lustig ist die Mär vom Schwan,
der weiß gewandet, einmal putschte.
Gutes stets loyal getan
und doch auf brauner Scheiße rutschte.

Er überschlug sich zwei-drei Mal,
wäscht seine Federn, immer wieder.
Verwundert starrt ein fetter Aal,
auf braune Flecken im Gefieder.

Es zieht nicht mehr, das weiße Strahlen,
dazu noch lächeln, freundlich sein.
Irgendwann gibts Schwanenwahlen,
dann wird aus Schwan sehr leicht ein Schwein.

Vielleicht hat ja ein „Storch" doch recht,
Der meint: dass Schwein, gar köstlich mundet.
Doch scheint es nur, dass Recht gebeugt,
das Grundgesetz so lieblich rundet.

Wer dauernd lügt, dem traue nicht,
selbst wenn er gold'ne SchwanenTräume -
Dir verspricht - und könnte der auch zaubern
entstünden doch nur Schäume!

Der Sündenbock

Der Sündenbock ist eine List,
die man in die Wüste schickte.
Daselbst er jetzt den Hunger frisst
und sonst noch alles was uns drückte.

Nie gekannte Euphorie,
in lila Hoffnung sich aufschwingt.
Doch Grenzen zwingen in die Knie
wenn Pöbel die Moral besingt.

Da die Menschheit immer sündigt,
täglich Trampeltiere treibt durch's Dorf
Helden kürt und wieder kündigt,
Kultur versenkt im Torf.

Endlich kann man expandieren,
ein jeder hat das Recht auf Glück.
Keiner möchte 'was verlieren,
krallt sich einfach auch ein Stück.

Macht endlich Schluss mit Unschuldslämmer-Finten
auf umgepflügten Friedenswegen.
Leistungsdruck dem Menschen droht
Gewinnsucht kommt von hinten,
und erteilt Vernunft ein Sprechverbot!

Hitzewelle

Das Klima spinnt!
Obwohl, im Sommer,
ist doch normal, die Hitze;
und wenn's auch brät an einem Stück-
ich freu mich auch, wenn ich mal schwitze!

Das Unken leid und abgeklärt,
lausch ich auf Wetter-Blitz-Prognosen.
Der Sommer ist schon bald verjährt,
dann gibt's halt wieder lange Hosen.

Hundstage

Längst vergessen sind die Tage.
gefüllt mit Unbill der Natur.
Jetzt quält die lange, dürre Plage,
von frischem Regen keine Spur.

Wie köstlich war die klamme Feuchte,
die uns gekühlt und auch beschirmt,
Wie lechzten wir nach Sonnenstrahlen-
Die Jugend wurde g'rad gefirmt.

Des Himmels Blau schier endlos scheint,
kein Wölkchen küsst den Himmel;
im Gartenteich der Koi fast weint,
das Waldbad bricht fast vor Getümmel.

Barfuss laufen wird gefährlich
der Wegbelag beginnt zu kleben;
die Gartendusche tropft nur spärlich,
die Spinnen schon ihr Leintuch weben.

Spät im Jahr

Es ändern sich die Zeiten-
die Wälder werden bunt.
Langsam heißt es: vorbereiten,
das Jahr wird wieder rund.

Die Tiere, die noch da geblieben;
eifrig, noch das Nest gedichtet.
Ins Naturbuch wird geschrieben:
Der Wald hat schon sein Kleid gelichtet.

Wer heute bis ins Mark verliebt
findet alles wunderbar!
Ein kleiner Spatz hat leis' „gepiept":
„Im Sommer es doch wärmer war."

Wir packen uns in dichte Federn
und freuen uns am Winterglück!
Das Jahr wird freudig uns gestehen-
die Wärme kommt bestimmt zurück.

Leichte Sprache

DIALEKTIK - INKLUSION
Mit Gegensätzen schwanger geh'n.
Die Leichte Sprache lauert schon:
das Wort im Maul nicht umzudreh'n.

Wer weiß denn, was hier eingeschlossen?
Ist Transzendenz der große Henker?
Wird Kant der Denker abgeschossen?
Wer ist jetzt der deutschen Sprache Lenker?

Vielerorts Gespensterworte -
und ich frag' mich: „Bin ich dumm?"
Ich wünsch' mir nicht die „Schwere" Sorte,
zu oft macht sie mich stumm.

Doch wird die Sprache endlich leicht,
wird die „Muse" jeden küssen,
ob studiert, ob wenig Wissen -
dann hätten wir sehr viel erreicht.

Ode an das Alter

Ein Spiegel blinkt in Deinem Zimmer,
Du stehst davor, das Haupt geneigt
und seufzt, weil sich ein grauer Schimmer
unangekündigt an der Schläfe zeigt.

Beim Lesen quält sich die Pupille
und neue Zähnchen brauchst Du auch-
Du stöhnst und murmelst in die Stille:
„Gott sei Dank, nicht auch noch Bauch!"

Heut' genügt ein leises Schmunzeln,
schau doch einfach ‚mal auf mich:
„Hab' ich Probleme mit den Runzeln?
Bei mir ist das nur äußerlich!"

Manch einer scheint vielleicht noch knackig,
mit herrlicher Modell-Gestalt.
Doch innen fad, geschönt und nackig
und miesepetrig- der ist alt!

Natürlich machst Du keine Faxen,
in Deinem Alter- immerhin-
dafür wird Humor Dir wachsen
und für das Zarte wächst Dein Sinn.

So lange Deine Augen glänzen,
voll liebender Begeisterung,
erscheinst Du trotz der vielen Lenze,
noch immer frisch und Innen jung!

Gefrorener Kummer

Ein Mensch, nur um sich zu entspannen
bettet sich zur Ruhe,
in einem Sarge unter Tannen.
Ihm wurde kalt in dieser Truhe.

Tief im inneren Gekröse,
zwischen Leber und Rückgrat,
grummelt er schon ziemlich böse:
„wo bleibt die Liebe im Salat".

„Da meine Seele hart und kalt,
hab' ich Bedenken abgebaut";
Körperlich schon ziemlich alt
wird jetzt die Jugend aufgetaut.

Den Mensch, mit halb gefror'ner Nase,
entflieht der kalten Truhe -
nimmt sein Schicksal auf den Arm. -
und läßt die Liebe klug in Ruhe -
denn nur Arbeit macht ihn wirklich warm!

WEGWERF-Gesellschaft

Warum denn Altes reparieren?
Warum? Ihr werdet's gleich erfahren.
Auch wenn sich manche etwas zieren,
bei heißgeliebten Luxuswaren.

Es stopft heut' keiner mehr die Strümpfe
der Trend heißt: lieber Neue kaufen!
Heute fällt das niemand schwer-
wer will schon mit Gestopftem laufen?

Die Werbung macht uns alle willig;
mehr Müll zu produzieren heißt das nämlich.
Ist auch vieles wirklich billig,
Im Ganzen ist das ziemlich dämlich.

Den Menschen längst nicht alles schmeckt,
was die vielen Märkte preisen.
Was den kleinsten Macken hat
kommt zum Alten Eisen!

Manches wär noch reparabel
Altes, neu belebt fördert die Kultur.
Müll zu produzieren ist blamabel
Altes retten Freude pur!

Es gilt zu vermeiden manchen Schock,
und vieles grenzt schon an Betrug-
Gift in Hose und im Rock
Davon hat jeder bald genug!

Egal ob, Burger, Döner, Pizzafutter,
Giftverbrämtes mach auch süchtig
„Just in time" direkt vom Kutter
ist Zeitersparnis denn so wichtig?

Selbst Fertigfutter für die Raschen,
Möglichst noch in Plastiktüten.
in Dosen und in Plastikflaschen;
um keinen Müllberg zu verhüten.

Schnell weg mit Vielem, das noch gut
und prall gefüllt die Plastiktaschen!
Vielleicht braucht's erst ein wenig Mut,
nicht jede Neuheit gleich zu naschen!

Nicht zerronnen ist gewonnen -
Ein Teil zu retten ist schon viel -
Reduzieren Abfalltonnen,
und erhalten ist das Ziel!

Wenn's zwickt

(gesammelte Aphorismen)

Ist neuerdings etwas zu eng, sieh' es einfach nicht so streng,
denn wenn Dir wirklich nichts mehr passt, warst du stets ein guter Gast.

Macht Dein Finanzamt fette Beute,
dann hast du mehr, als andere Leute.
Ist die Heizung wieder teuer - Du hast es warm, ganz ohne Feuer.

Sieht's nach dem feiern aus zum Grausen,
geh' mit den Freunden noch zum schmausen.
Musst Du Deine Wohnung putzen- denk' d'ran, du darfst die *Eigene*
nutzen.

Wird der Wäscheberg zu groß? Es sind Dein Eigen: Kleid und Hos'!
Macht die Arbeit Plag' und Schmerzen, ich schaff es noch mit meinem
Herzen.

Holt Dich Dein eig'ner Schatten ein - den gibt es nur bei Sonnenschein.
Schnarcht der Partner zum erbarmen - er liegt in keinen and'ren Armen!

Wer gerne schimpft, ob gut, ob schlecht,
die Redefreiheit gibt dir Recht.
Beim Parken wieder mal kein Platz - lauf' ein Stückchen mit dem
Schatz.

Falsch zu singen, auch in Chören, freue Dich du kannst noch hören!
Mit großen Ohren kannst Du lauschen, manch einer würde gerne
tauschen.

Im Stau wird Autofahr'n zur Last, freu' Dich, dass Du noch ein's hast.
Wenn der Wecker weckt, schon wieder, freu' Dich, dein Leben singt dir
Lieder.

Dein Postfach ist schon wieder voll? Alles denkt an Dich - ganz Toll!
Und glaubst Du, alles sei beschissen, versuch's doch einfach mal mit
küssen!

D'ran denken ist garnicht so schwer: zu danken wär das Quäntchen
M e h r.
Denn das Lächeln macht uns froh, zum Beispiel auch als: status quo!

Vorweihnachtszeit

Grau in grau mit Nebelschwaden
teils weiss, in vorweihnachtlichen Tagen.
Präsentiert sich der Advent
So wie man es schon seit Jahren kennt.
.

Die Tage sind von kurzer Dauer
der Winter liegt schon auf der Lauer
Weihnachtsmärkte da und dort
die gibt es fast in jedem Ort.

Wenn´s auf dem Feldberg wieder schneit,
ist Nikolaus auch nicht mehr weit.
Bald dämmert's schon um vier,
dann steht das Christkind vor der Tür.

Weihnachten im Heim ...

Weihnachten allein,
kann manchmal doch sehr einsam sein.
Wie gerne wär' ich jetzt „daheim"
mit der Familie, nicht allein.

Ich wohne hier zwar angemessen
jedoch die Liebste fehlt mir sehr;
Habe sie noch immer nicht vergessen -
Zwei Jahr- es fällt mir wirklich schwer.

Dabei weiß doch jedes Kind,
man kann nicht ewig Marken kleben.
Ich werde alt, das geht geschwind
hab' ich denn schon gelebt, mein Leben?

Wenigstens zur Weihnachtszeit,
möcht' ich das Alte gern verwalten
und feiern mit viel Sinnlichkeit.
Nicht langsam nun erkalten
und frieren mit vergess'nen Alten.

.2003

Resignation

Ist eingestürzt das Luftschloss der Jugend?
Verloren die Hoffnung der Tugend?
Aus deren Trümmern bau dir sehr fest,
ein Bollwerk zu verteidigen den Rest.

Mit ganz dicken Mauern -
und einer Brücke, die sich einholen läßt -
um im Stillen zu trauern.

Es geht immer weiter

Lebe heute - glaub' an morgen,
denke möglichst positiv.
Dann verblassen deine Sorgen,
denn aus der Hoffnung schöpft man tief!

Jeder Tag ist wie ein Blatt, das leer ist, keine
Zeilen hat.
Die Fehler schreibst du selber ,rein
in dein Buch des Lebens.

Und wird's harmonisch oder heiter
liest du gern darin und hoffst nie mehr vergebens!

Die Zwei

Die Freude und der Schmerz
streiten um die Wette,
wer wohl am meisten hätte
zu füllen in ein Herz.

Der eine läßt es lachen,
der andere sehr leiden.
Da kam die Liebe g'rad hinzu
und sagte zu den beiden:

Das Herz - ,mal leer, 'mal übervoll -
ihr sollt euch nicht d'rum streiten.
Zufriedenheit hier wohnen soll -
ihr sollt es nur begleiten!

Im Advent

Schleichend sich Der Herbst entwindet,
war jüngst noch warm und voller Blüte,
des Nebels Watteweiss verkündet,
es naht die Zeit des Wartens und der Güte.

Bunt werden Mode und das Blatt,
die Natur bedächtig ändert,
des Lebens Streben - es wird glatt
und manches wird gebändert.

Da blinken schon Advents-Symbole,
unmerklich fast, doch nicht zu überseh'n;
gelockert wird die „schwarze" Kohle,
wenn scharf die Winterwinde weh'n.

Ist Nikolaus auch nicht mehr fern
und s' Christkind läßt schon grüßen;
Ich schenk' Dir einen Schoko-Stern,
um Dein Leben zu versüßen.

An Dich

Dir möcht' ich meine Augen schenken
mit flammenden Gefühlen.
In meinen Träumen darfst du wühlen
und in deinen Träumen an mich denken!

Begegnung

Hab' ich dich heut' gefunden,
mit Herz und viel Verstand.
Ich schenk' dir schöne Stunden,
so nimm denn meine Hand

Wer weiß denn, was die Zukunft bringt,
was uns verspricht des Ägirs Troll.
Fühlen was im Herzen schwingt -
liebend leben - das ist toll!

Älter werden

Wird mein Körper auch bald alt,
ist vieles doch geschafft.

Ich nehme es gelassen hin -
denn wird mein Haus auch kalt -

die Haut auch schon gerafft -
egal was ich auch biete,

ich wohn' doch nur zur Miete!

Abschied

So leb' denn wohl, geh' deinen Weg,
wohin er dich auch führen mag.
Im Stillen werd' ich sein dein Steg,
für immer und noch einen Tag.

Erinnerung im Wind verrauscht
voll Melancholie.
Lange hab' ich noch gelauscht,
der sehnsuchtsvollen Melodie.

Immer schwingt Glück auf und nieder,
stets gebärend neue Morgen.
Bekränzt durch neue, schönste Lieder,
wer wird mir nun sein hören borgen?

Danke

Helfen, eine große Gabe.
Für Jeden „da sein“, ohne Klage.
Viele nehmen nur - ich nicht-
Danke sagen, kann noch selbst der kleinste
Wicht!

Günther Seidel, 1940 in Friedrichshafen geboren, entdeckte schon früh seine Liebe zum Lesen und zur Kunst des Schreibens. Nach einer Phase des Experimentierens mit einfachen Gedichten, begann er auch seine Gefühle in „Lyrik" zu formulieren. Im Laufe der Zeit entstanden viele Zeitungsbeiträge, Essays und viel Lyrik. Während der letzten zehn Jahre forderte der Wandel unserer Gesellschaft immer mehr zeitkritischen „Biss". Es entstand dieses Buch über die Kunst des Miteinander-Lebens. Seit 2016 Mitglied im Zirkel Abendtexte-Texte am Abend, lebt er nun mit seiner Frau in Tettnang.

ISBN: 783749 465002